FACULTÉ DE DROIT DE TC

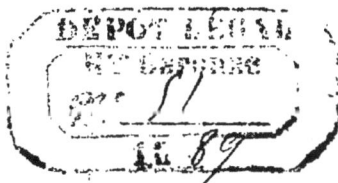

PLAN

DU

COURS DE DROIT COMMERCIAL

(ANNEXE)

M. BONFILS (Henry), professeur titulaire.

1888-1889

TOULOUSE

IMPRIMERIE A. CHAUVIN ET FILS,
RUE DES SALENQUES, 28

—

1889

Ⓒ

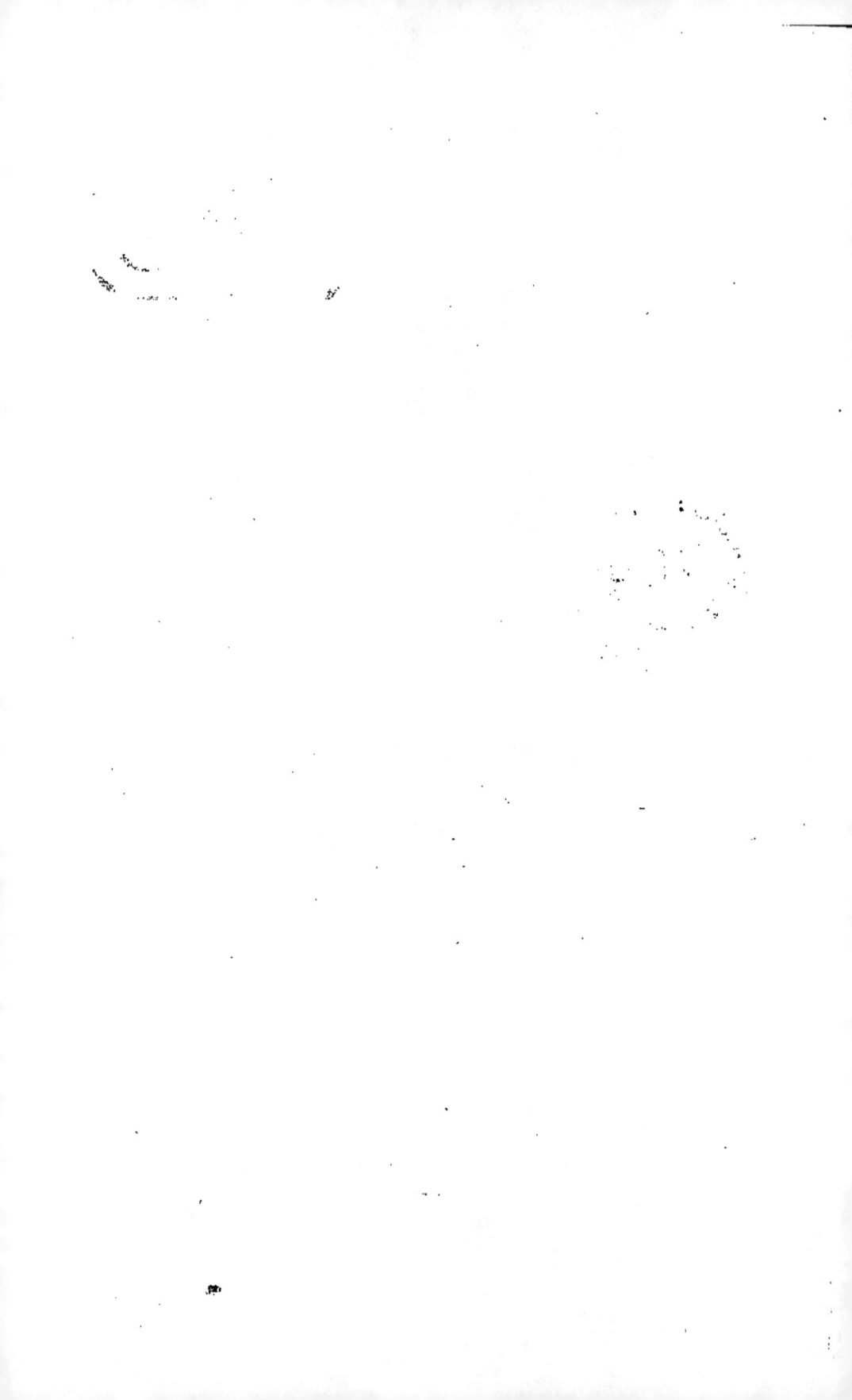

PLAN

DU

COURS DE DROIT COMMERCIAL

(ANNEXE)

M. BONFILS (Henry), professeur titulaire.

LOI

SUR LES MARCHÉS A TERME

(28 mars-8 avril 1885)

ARTICLE PREMIER. — Tous marchés à terme sur effets publics et autres; tous marchés à livrer sur denrées et marchandises sont reconnus légaux. — Nul ne peut, pour se soustraire aux obligations qui en résultent, se prévaloir de l'article 1965 du Code civil, lors même qu'ils se résoudraient par le paiement d'une simple différence.

ART. 2. — Les articles 421 et 422 du Code pénal sont abrogés.

Aʀᴛ. 3. — Sont abrogées les dispositions des anciens arrêts du Conseil des 24 septembre 1724, 7 août, 2 octobre 1785 et 22 septembre 1786, l'art. 15, chap. 1ᵉʳ, l'art. 4, chap. II de la loi du 28 vendémiaire an IV, les art 85, paragraphe 3 et 86 du Code de commerce.

Aʀᴛ. 4. — L'article 13 de l'arrêté du 27 prairial an X est modifié ainsi qu'il suit : — « Chaque agent de change » est responsable de la livraison et du paiement de ce qu'il » aura vendu et acheté. Son cautionnement sera affecté à » cette garantie. »

Aʀᴛ. 5. — Les conditions d'exécution des marchés à terme par les agents de change seront fixées par le règlement d'administration publique prévu par l'art. 90 du code de commerce.

LOI

RELATIVE AU TAUX DE L'INTÉRÊT DE L'ARGENT

(12-14 janvier 1886)

Aʀᴛɪᴄʟᴇ UɴɪQᴜᴇ. — Les lois des 3 septembre 1807 et 19 décembre 1850, dans leurs dispositions relatives à l'intérêt conventionnel, sont abrogées en matière de commerce ; elles restent en vigueur en matière civile.

LOI

PORTANT MODIFICATION DES ART. 105 ET 108
DU CODE DE COMMERCE

(11-13 avril 1888)

Article Premier. — Les articles 105 et 108 du code de commerce sont remplacés par les articles suivants :

Art. 105. — La réception des objets transportés et le paiement du prix de la voiture éteignent toute action contre le voiturier pour avarie ou perte partielle, si dans les trois jours, non compris les jours fériés, qui suivent celui de cette réception et de ce paiement, le destinataire n'a pas notifié au voiturier par acte extrajudiciaire ou par lettre recommandée sa protestation motivée.

Toutes stipulations contraires sont nulles et de nul effet. Cette dernière disposition n'est pas applicable aux transports internationaux.

Art. 108. — Les actions pour avaries, pertes ou retard auxquelles peut donner lieu contre le voiturier le contrat de transport sont prescrites dans le délai d'un an, sans préjudice des cas de fraude ou d'infidélité.

Toutes les autres actions auxquelles ce contrat peut donner lieu, tant contre le voiturier ou le commissionnaire que contre l'expéditeur ou le destinataire, aussi bien que celles qui naissent des dispositions de l'art. 541 du code de produre civile, sont prescrites dans le délai de cinq ans.

Le délai de ces prescriptions est compté, dans le cas de perte totale, du jour où la remise de la marchandise aurait dû être effectuée, et, dans tous les autres cas, du jour où la marchandise aura été remise ou offerte au destinataire.

Le délai pour intenter chaque action récursoire est d'un mois. Cette prescription ne court que du jour de l'exercice de l'action contre le garanti.

Dans le cas de transports faits pour le compte de l'Etat, la prescription ne commence à courir que du jour de la notification de la décision ministérielle emportant liquidation ou ordonnancement définitif.

ART. II. — Dans les cas prévus par la présente loi les prescriptions commencées au moment de la promulgation seront acquises par cinq ans à dater de cette promulgation si, d'après la loi antérieure, il reste un temps plus long à courir.

LOI

PORTANT MODIFICATION A LA LÉGISLATION DES FAILLITES

(4-5 mars 1889)

ARTICLE PREMIER. — Tout commerçant qui cesse ses paiements peut obtenir, en se conformant aux dispositions suivantes, le bénéfice de la liquidation judiciaire telle qu'elle est réglée par la présente loi.

ART. 2. — La liquidation judiciaire ne peut être ordonnée que sur requête présentée par le débiteur au tribunal de commerce de son domicile, dans les quinze jours de la cessation de ses paiements. Le droit de demander cette liquidation appartient au débiteur assigné en déclaration de faillite pendant cette période.

La requête est accompagnée du bilan et d'une liste indiquant le nom et le domicile de tous les créanciers.

Peuvent être admis au bénéfice de la liquidation judiciaire de la succession de leur auteur les héritiers qui en font la demande dans le mois du décès de ce dernier, décédé dans la quinzaine de la cessation de ses paiements, s'ils justifient de leur acceptation pure et simple ou bénéficiaire.

Art. 3. — En cas de cessation de paiements d'une société en nom collectif ou en commandite, la requête contient le nom et l'indication du domicile de chacun des associés solidaires, et elle est signée par celui ou ceux des associés ayant la signature sociale.

En cas de cessation de paiements d'une société anonyme, la requête est signée par le directeur ou l'administrateur qui en remplit les fonctions.

Dans tous les cas, elle est déposée au greffe du tribunal dans le ressort duquel se trouve le siège social. A défaut de siège social en France, le dépôt est effectué au greffe du tribunal dans le ressort duquel la société a son principal établissement.

Art. 4. — Le jugement qui statue sur une demande d'admission à la liquidation judiciaire est délibéré en chambre du conseil et rendu en audience publique. Le débiteur doit être entendu en personne, à moins d'excuses reconnues valables par le tribunal. Si la requête est admise, le jugement nomme un des membres du tribunal juge-commissaire et un ou plusieurs liquidateurs provisoires. Ces derniers, qui sont immédiatement prévenus par le greffier, arrêtent et signent les livres du débiteur dans les vingt-quatre heures de leur nomination et procèdent avec celui-ci à l'inventaire. Ils sont tenus dans le même délai de requé-

rir les inscriptions d'hypothèques mentionnées en l'article 490 du Code de commerce.

Dans le cas où une société est déclarée en état de liquidation judiciaire, s'il a été nommé antérieurement un liquidateur, celui-ci représentera la société dans les opérations de la liquidation judiciaire. Il rendra compte de sa gestion à la première réunion des créanciers. Toutefois il pourra être nommé liquidateur provisoire.

Le jugement qui déclare ouverte la liquidation judiciaire est publié conformément à l'art. 442 du Code de commerce. Il n'est susceptible d'aucun recours et ne peut être attaqué par voie de tierce opposition. Cependant, si le tribunal est saisi en même temps d'une requête en admission au bénéfice de la liquidation judiciaire et d'une assignation en déclaration de faillite, il statue sur le tout par un seul et même jugement, rendu dans la forme ordinaire, exécutoire par provision et susceptible d'appel dans tous les cas.

Art. 5. — A partir du jugement qui déclare ouverte la liquidation judiciaire toute action mobilière ou immobilière et toute voie d'exécution, tant sur les meubles que sur les immeubles, doivent être intentées ou suivies à la fois contre les liquidateurs et le débiteur.

Il ne peut être pris, sur les biens de ce dernier, d'autres inscriptions que celles mentionnées en l'article 4, et les créanciers ne peuvent poursuivre l'expropriation des immeubles sur lesquels ils n'ont pas d'hypothèque. De son côté, le débiteur ne peut contracter aucune nouvelle dette, ni aliéner tout ou partie de son actif, sauf dans les cas qui sont énumérés ci-après.

Art. 6. — Le débiteur peut, avec l'assistance des liquidateurs, procéder au recouvrement des effets et créances exigibles, faire tous actes conservatoires, vendre les objets sujets à dépérissement ou à dépréciation imminente ou dispendieux à conserver et intenter ou suivre toute action mobilière et immobilière. Au refus du débiteur, il pourra être procédé par les liquidateurs seuls, avec l'autorisation du juge-commissaire. Toutefois, s'il s'agit d'une action à intenter, cette autorisation ne sera pas demandée, mais les liquidateurs devront mettre le débiteur en cause.

Le débiteur peut aussi, avec l'assistance des liquidateurs et l'autorisation du juge-commissaire, continuer l'exploitation de son commerce ou de son industrie.

L'ordonnance du juge-commissaire qui autorise la continuation de l'exploitation est exécutoire par provision et peut être déférée, par toute partie intéressée, au tribunal de commerce.

Les fonds provenant des recouvrements et ventes sont remis aux liquidateurs, qui les versent à la Caisse des dépôts et consignations.

Art. 7. — Le débiteur peut, après l'avis des contrôleurs qui auraient été désignés conformément à l'article 9, avec l'assistance des liquidateurs et l'autorisation du juge-commissaire, accomplir tous actes de désistement, de renonciation ou d'acquiescement.

Il peut, sous les mêmes conditions, transiger sur tout litige dont la valeur n'excède pas quinze cents francs. Si l'objet de la transaction est d'une valeur indéterminée ou n'excède pas quinze cents francs, la transaction n'est obligatoire qu'après avoir été homologuée dans les termes de l'article 487 du Code de commerce.

L'article 1er de la loi du 11 avril 1838 sur les tribunaux civils de première instance est applicable à la détermination de la valeur des immeubles sur lesquels a porté la transaction. Tout créancier peut intervenir sur la demande en homologation de la transaction.

Art. 8. — Le jugement qui déclare ouverte la liquidation judiciaire rend exigibles à l'égard du débiteur les dettes passives non échues; il arrête, à l'égard de la masse seulement, le cours des intérêts de toute créance non garantie par un privilège, par un nantissement ou par une hypothèque.

Les intérêts des créances garanties ne peuvent être réclamés que sur les sommes provenant des biens affectés au privilège, à l'hypothèque ou au nantissement.

ART. 9. — Dans les trois jours du jugement, le greffier informe les créanciers, par lettres et par insertions dans les journaux, de l'ouverture de la liquidation judiciaire et les convoque à se réunir, dans un délai qui ne peut excéder quinze jours, dans une des salles du tribunal, pour examiner la situation du débiteur. Le jour de la réunion est fixé par le juge-commissaire.

Au jour indiqué, le débiteur, assisté des liquidateurs provisoires, présente un état de situation qu'il signe et certifie sincère et véritable et qui contient l'énumération et l'évaluation de tous ses biens mobiliers et immobiliers, le montant des dettes actives et passives, le tableau des profits et pertes et celui des dépenses.

Les créanciers donnent leur avis sur la nomination des liquidateurs définitifs. Ils sont consultés par le juge-commissaire sur l'utilité d'élire immédiatement parmi eux un ou deux contrôleurs.

Ces contrôleurs peuvent être élus à toute période de la liquidation, s'ils ne l'ont été dans cette première assemblée.

Il est dressé de cette réunion et des dires et observations des créanciers un procès-verbal portant fixation par le juge-commissaire, dans un délai de quinzaine, de la date de la première assemblée de vérification des créances.

Ce procès-verbal est signé par le juge-commissaire et par le greffier. Sur le vu de cette pièce et le rapport du juge-commissaire, le tribunal nomme les liquidateurs définitifs.

ART. 10. — Les contrôleurs sont spécialement chargés de vérifier les livres et l'état de situation présenté par le débiteur et de surveiller les opérations des liquidateurs ; ils ont le droit de demander compte de l'état de la liquidation judiciaire, des recettes effectuées et des versements faits.

Les liquidateurs sont tenus de prendre leur avis sur les actions à intenter ou à suivre.

Les fonctions de contrôleurs sont gratuites. Ils ne peuvent être révoqués que par le tribunal de commerce, sur l'avis conforme de la majorité des créanciers et la proposition du juge-commissaire. Ils ne peuvent être déclarés responsables qu'en cas de faute lourde et personnelle.

Les liquidateurs peuvent recevoir, quelle que soit leur qualité, une indemnité qui est taxée par le juge-commissaire.

Art. 11. — A partir du jugement d'ouverture de la liquidation judiciaire, les créanciers pourront remettre leurs titres soit au greffe, soit entre les mains des liquidateurs. En faisant cette remise, chaque créancier sera tenu d'y joindre un bordereau énonçant ses nom, prénoms, profession et domicile, le montant et les causes de sa créance, les privilèges, hypothèques ou gages qui y seront affectés.

Cette remise n'est astreinte à aucune forme spéciale.

Le greffier tient état des titres et bordereaux qui lui sont remis et en donne récépissé. Il n'est responsable des titres que pendant cinq années à partir du jour de l'ouverture du procès-verbal de vérification.

Les liquidateurs sont responsables des titres, livres et papiers qui leur ont été remis, pendant dix ans, à partir du jour de la reddition de leurs comptes.

Art. 12. — Après la réunion dont il est parlé en l'article 9, ou le lendemain au plus tard, les créanciers sont convoqués en la forme prévue par le même article pour la première assemblée de vérification. Les lettres de convocation et les insertions dans les journaux portent que ceux d'entre eux qui n'auraient pas fait à ce moment la remise des titres et bordereaux mentionnés en l'article 11 doivent faire cette remise, de la manière indiquée audit article, dans le délai fixé pour la réunion de l'assemblée de vérification. Ce délai peut être augmenté, par ordre du juge-commissaire, à l'égard des créanciers domiciliés hors du territoire continental de la France.

La vérification et l'affirmation des créances ont lieu dans la même réunion et dans les formes prescrites par le Code de commerce en tout ce qui n'est pas contraire à la présente loi.

ART. 13. — Le lendemain des opérations de la première assemblée de vérification, il est adressé, en la forme prescrite en l'article 9, une convocation à tous les créanciers, invitant ceux qui n'ont pas produit à faire leur production.

Les créanciers sont prévenus que l'assemblée de vérification à laquelle ils sont convoqués sera la dernière. Cette assemblée a lieu quinze jours après la première.

Si des lettres de change ou des billets à ordre souscrits ou endossés par le débiteur, et non échus au moment de cette dernière assemblée, sont en circulation, les liquidateurs pourront obtenir du juge-commissaire la convocation d'une nouvelle assemblée de vérification.

ART. 14. — Le lendemain de la dernière assemblée, dans laquelle le juge-commissaire prononce la clôture de la vérification, tous les créanciers vérifiés ou admis par provision sont invités, en la forme prescrite par l'article 9, à se réunir pour entendre les propositions de concordat du débiteur et en délibérer.

Cette réunion a lieu quinze jours après la dernière assemblée de vérification.

Toutefois, en cas de contestation sur l'admission d'une ou plusieurs créances, le tribunal de commerce peut augmenter ce délai sans qu'il soit dérogé pour le surplus aux dispositions des articles 499 et 500 du Code de commerce.

Art. 15. — Le traité entre les créanciers et le débiteur ne peut s'établir que s'il est consenti par la majorité de tous les créanciers vérifiés et affirmés ou admis par provision, représentant en outre les deux tiers de la totalité des créances vérifiées et affirmées ou admises par provision. Le tout à peine de nullité.

Si le concordat est homologué, le tribunal déclare la liquidation judiciaire terminée. Lorsque le concordat contient abandon d'un actif à réaliser, les créanciers sont consultés sur le maintien ou le remplacement des liquidateurs et des contrôleurs. Le tribunal statue sur le maintien ou le remplacement des liquidateurs. Les opérations de réalisation et de répartition de l'actif abandonné se suivent conformément aux dispositions de l'article 541 du Code de commerce.

Dans la dernière assemblée, les liquidateurs donnent connaissance de l'état de leurs frais et indemnités, taxés par le juge-commissaire ; cet état est déposé au greffe. Le débiteur et les créanciers peuvent former opposition à la taxe dans la huitaine. Il est statué par le tribunal en chambre de conseil.

Dans tous les cas où il y a lieu à reddition de comptes par les liquidateurs, la disposition du paragraphe précédent est applicable.

Art. 16. — Sont nuls et sans effet, tant à l'égard des parties intéressées qu'à l'égard des tiers, tous traités ou concordats qui, après l'ouverture de la liquidation judiciaire, n'auraient pas été souscrits dans les formes ci-dessus prescrites.

Art. 17. — Les prescriptions du décret du 18 juin 1880, contenant le tarif des droits et émoluments que les greffiers des tribunaux de commerce sont autorisés à percevoir, sont applicables au cas de liquidation judiciaire comme au cas de faillite.

Art. 18. — La notification à faire, s'il y a lieu, au propriétaire dans les termes de l'article 450 du Code de commerce, est faite par le débiteur et les liquidateurs avec l'autorisation du juge-commissaire, les contrôleurs entendus. Ils ont, pour cette notification, un délai de huit jours à partir de la première assemblée de vérification.

ART. 19. — La faillite d'un commerçant admis au bénéfice de la liquidation judiciaire peut être déclarée par jugement du tribunal de commerce, soit d'office, soit sur la poursuite des créanciers :

1º S'il est reconnu que la requête à fin de liquidation judiciaire n'a pas été présentée dans les quinze jours de la cessation des paiements ;

2º Si le débiteur n'obtient pas de concordat. Dans ce cas, si la faillite n'est pas déclarée, la liquidation judiciaire continue jusqu'à la réalisation et la répartition de l'actif, qui se feront conformément aux dispositions du deuxième alinéa de l'article 15 de la présente loi. Si la faillite est déclarée, il est procédé conformément aux articles 529 et suivants du Code de commerce.

Le tribunal déclare la faillite à toute période de la liquidation judiciaire :

1º Si, depuis la cessation de paiements ou dans les dix jours précédents, le débiteur a consenti l'un des actes mentionnés dans les articles 446, 447, 448 et 449 du Code de commerce, mais dans le cas seulement où la nullité aura été prononcée par les tribunaux compétents ou reconnue par les parties ;

2º Si le débiteur a dissimulé ou exagéré l'actif ou le passif, omis sciemment le nom d'un ou de plusieurs créanciers ou commis une fraude quelconque, le tout sans préjudice des poursuites du ministère public ;

3º Dans les cas d'annulation ou de résolution du concordat ;

4° Si le débiteur en état de liquidation judiciaire a été condamné pour banqueroute simple ou frauduleuse.

Les opérations de la faillite sont suivies sur les derniers errements de la procédure de la liquidation.

ART. 20. — L'article 11 et les dispositions des paragraphes 1er, 3e et 4e de l'article 15 de la présente loi sont applicables à l'état de faillite.

Sont également applicables à l'état de faillite les dispositions de la loi présente concernant l'institution des contrôleurs.

ART. 21. — A partir du jugement d'ouverture de la liquidation judiciaire, le débiteur ne peut être nommé à aucune fonction élective ; s'il exerce une fonction de cette nature, il est réputé démissionnaire.

ART. 22. — L'article 549 du Code de commerce est modifié ainsi qu'il suit :

« ART. 549. — Le salaire acquis aux ouvriers directement employés par le débiteur, pendant les trois mois qui ont précédé l'ouverture de la liquidation judiciaire ou la faillite, est admis au nombre des créances privilégiées, au même rang que le privilège établi par l'article 2101 du Code civil pour le salaire des gens de service.

» Les salaires dus aux commis pour les six mois qui précèdent le jugement déclaratif, sont admis au même rang. »

ART. 23. — Le premier paragraphe de l'article 438 du Code de commerce et le n° 4 de l'énumération faite par l'article 586 sont modifiés comme il suit :

« ART. 438, § 1er. — Tout failli sera tenu, dans les quinze jours de la cessation de ses paiements, d'en faire la déclaration au greffe du tribunal de commerce de son domicile. Le jour de la cessation de paiements sera compris dans les quinze jours.

» ART. 586, 4°. — Si, dans les quinze jours de la cessation de ses paiements, il n'a pas fait au greffe la déclaration exigée par les articles 438 et 439, ou si cette déclaration ne contient pas les noms de tous les associés solidaires. »

ART. 24. — Toutes les dispositions du Code de commerce qui ne sont pas modifiées par la présente loi continueront à recevoir leur application en cas de liquidation judiciaire comme en cas de faillite.

DISPOSITIONS TRANSITOIRES.

ART. 25. — Le commerçant en état de cessation de paiements dont la faillite n'aura pas été déclarée, ou dont le jugement déclaratif de faillite ne sera pas devenu définitif à la date de la promulgation de la présente loi, pourra obtenir le bénéfice de la liquidation judiciaire. Cette faculté s'exercera devant la juridiction saisie. La requête devra, dans tous les cas, être présentée dans la quinzaine de la promulgation.

Les faillites déclarées antérieurement à cette promulgation continueront à être régies par les dispositions du Code de commerce ; sont toutefois applicables à ces faillites les dispositions de la présente loi concernant l'institution des contrôleurs.

Le jugement qui homologuera le concordat obtenu par le débiteur dont la faillite aura été déclarée antérieurement à la promulgation de la présente loi, ou qui déclarera celui-ci excusable, pourra décider que le failli ne sera soumis qu'aux incapacités édictées par l'article 21 contre les débiteurs admis à la liquidation judiciaire.

Cette disposition sera applicable à tout ancien failli qui aura obtenu son concordat ou qui aura été déclaré excusable. Il devra saisir par requête le tribunal de commerce qui a déclaré sa faillite et produire son casier judiciaire. Cette requête sera affichée pendant quinze jours dans l'auditoire. Le tribunal statuera en chambre du conseil. Sa décision n'est susceptible d'aucun recours.

L'inscription sur les listes électorales pourra être faite, à la suite de ces formalités, jusqu'au 31 mars, date de la clôture des listes.

ART. 26. — La présente loi est applicable aux colonies de la Guadeloupe, de la Martinique et de la Réunion.